AF562293

LE

SEPTENNAT

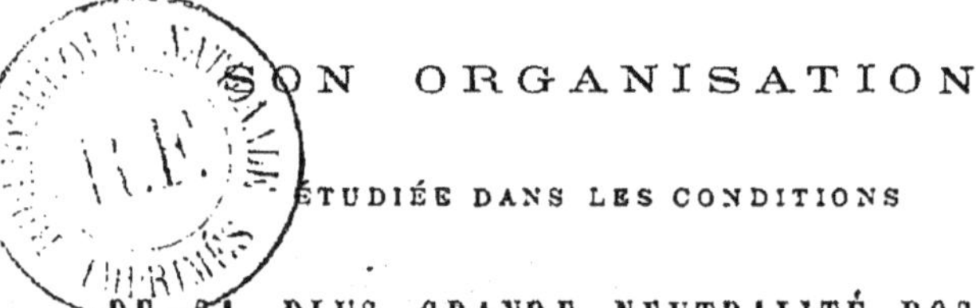

SON ORGANISATION

ÉTUDIÉE DANS LES CONDITIONS

DE SA PLUS GRANDE NEUTRALITÉ POSSIBLE

ENTRE LES PARTIS

PARIS

IMPRIMERIE DE J. CLAYE

RUE SAINT-BENOIT

—

1874

LE SEPTENNAT

SON ORGANISATION
ÉTUDIÉE DANS LES CONDITIONS
DE SA PLUS GRANDE NEUTRALITÉ POSSIBLE
ENTRE LES PARTIS.

M. Thiers a eu beau dire que sa république conservatrice ne différait de la monarchie constitutionnelle que sur un point, celui des origines du pouvoir exécutif, et que les mêmes institutions convenaient à l'une comme à l'autre, on s'est conduit autour de lui comme si on ne le croyait pas. Les suivants de sa politique affectent même de dire qu'avant de discuter ces institutions, il importe de statuer sur la question de principe et de se prononcer entre la république et la monarchie.

Que la déclaration de M. Thiers ait été bien ou mal entendue, je n'ai point à me le demander ici; j'ai à dire seulement que je la tiens pour bonne et parfaitement fondée en raison comme en fait.

De toutes les républiques anciennes et modernes qui aient duré, il n'en est pas une, en effet, qui n'ait eu ses trois pouvoirs, comme les monarchies constitutionnelles, et qui n'ait été fondée sur le respect des droits dont le décalogue est la plus haute expression. La Convention elle-même s'est rendue à ces principes dans la constitution de l'an III qui donnait à la France un conseil des Cinq-Cents, un conseil des Anciens et un Directoire exécutif composé de cinq membres. On sait aussi que, par une fatalité dont je n'ai point à chercher l'explication, ce Directoire devait bientôt faire place à un chef unique, appelé d'abord Consul et ensuite Empereur, absolument comme à Rome, la plus grande et la plus invoquée des républiques de collége. Est-ce que la république américaine elle-même qui nous est proposée comme un modèle n'a pas également ses trois pouvoirs, y compris celui d'un Président, comme chef du pouvoir exécutif, et non moins puissant qu'un roi constitutionnel?

M. Thiers et ses amis seraient les premiers à dire qu'ils ne l'entendent pas autrement, témoin la proposition de M. Casimir Périer qui n'implique certainement pas l'intention de porter atteinte aux principes fondamentaux de toute société. D'où vient donc à leurs yeux l'importance qu'ils attachent à subordonner la discussion des lois constitutionnelles à la proclamation de la république, tout en convenant que ces mêmes lois pourraient s'adapter à la forme monarchique, et qu'on serait même libre de revenir à cette forme, à l'expiration du septennat?

Ce que je vois ici, c'est que la république radicale, qui ne veut ni les lois constitutionnelles, ni le respect de la propriété, ni même l'*Être suprême* de Robespierre, a trouvé bien venu le mot de *république conservatrice*, et qu'il est même échappé à M. Pelletan d'appeler M. Thiers *un cheval de renfort*. Est-ce assez clair, et que peut-on espérer d'une politique établie sur de telles compromissions?

A quoi tient-il que le septennat du maréchal de Mac-Mahon jugé nécessaire, et qui se présente à nous comme une planche de salut, la seule qui nous reste, au milieu des impossibilités dans lesquelles nous agonisons, n'ait pu encore être constitué? Le principe d'une seconde Chambre n'a-t-il pas l'appui d'une immense majorité dans l'Assemblée, puisque le centre gauche y adhère, ainsi que toutes les fractions du côté droit? Quelle autorité peuvent avoir ici les radicaux, désertant sur ce point, non-seulement les traditions de l'ancienne Rome et de la république américaine, mais encore celle de la Convention elle-même, à son lit de mort?

Que la seconde Chambre soit appelée *Grand Conseil* ou *Sénat*, n'est-ce pas, dans la pensée de tout le monde, une Chambre placée au-dessus des vicissitudes de l'opinion si mobile en France, et qui corresponde aux intérêts permanents du pays? Quels sont ces intérêts, où en chercher la représentation, sinon dans les grandes positions acquises de tous les ordres? On a proposé ici des catégories : ces catégories s'établiraient d'elles-mêmes, à la seule condition que les sénateurs ne seraient pas payés.

Tous les hommes sont faillibles, et le sort des sociétés ne peut être mis au hasard de leur vertu. Nos révolutions successives et les fausses doctrines en faveur ont gravement obscurci chez nous les notions du bien et du vrai. *Les principes* étant morts ou peu s'en faut, c'est dans la loi bien combinée *des intérêts* que nous sommes réduits à chercher notre salut.

La grande division de la propriété en France est la principale garantie de l'ordre public, *en bas*. C'est le peuple, ne l'oublions pas, ce sont *les ruraux* qui nous ont sauvés des hommes de 1848 et du 4 septembre. Où est le danger maintenant, si ce n'est *en haut*, dans la sphère où s'agitent les ambitieux qui se disputent la France et ne voient dans l'État qu'une citadelle à prendre d'assaut? C'est là surtout qu'il faudrait les atteindre ; mais je n'espère pas qu'on ose le faire, autant qu'on le devrait.

Les catégories sont bonnes à déterminer, dans tous les cas, ne serait-ce que pour montrer ce que la nationalité française peut produire de plus élevé dans tous ses rangs, dans le clergé, dans l'armée, dans l'administration, ces grands corps militants, dans la magistrature, dans les sciences, dans les lettres, dans les arts et la haute industrie, agricole, manufacturière et commerciale. Telle est, en effet, notre véritable aristocratie, fondée sur le principe d'égalité qui de nos mœurs a passé dans nos lois. Les catégories n'en sont que l'expression ; mais le Sénat ne peut les contenir toutes : il faut choisir ; et comment choisira-t-on?

La première question qui s'élève ici est celle de

savoir si ce choix sera fait par le pouvoir exécutif ou par la nation elle-même, ou encore si ces deux origines y seront combinées, et dans quelles proportions. Une question subsidiaire s'est aussi présentée, celle de savoir s'il y aurait des membres *de droit*, comme on l'a vu dans les anciennes chambres des pairs et dans les sénats des deux empires.

Si la seconde Chambre est au choix du pouvoir en tout ou en partie, si elle contient des membres de droit dont l'origine implique un intérêt dynastique, il est évident qu'elle ne peut survivre au renversement de ce pouvoir[1] ; et la raison principale en est *qu'elle n'aurait pas d'existence propre.* C'était, on s'en souvient, le mot de M. Duvergier de Hauranne et de la coalition de 1839 qui s'est dénouée par la révolution de 1848; mais ce mot n'était que la traduction d'une idée plus vieille encore.

Que n'a-t-on pas dit des *fournées de pairs* de Charles X et des sénateurs des deux empires? Est-il besoin de rappeler que le gouvernement de Louis-

1. Il y a deux catégories de membres de droit que cette objection ne peut atteindre et que la France tiendrait sans doute à honneur de conserver : ce sont les hauts dignitaires du clergé et de l'armée.

Philippe était appelé *personnel*, que ses pairs étaient traités de *créatures ministérielles*, et que l'un d'eux se serait même écrié : *Nous avons perdu l'hérédité, nous n'avons pas gagné l'élection.*

Si une partie quelconque du Sénat doit être laissée au choix du pouvoir exécutif, fera-t-on que ce droit ne soit pas attaqué dans son exercice, et que les membres désignés par ce pouvoir aient, aux yeux de la nation, la même autorité que les autres? Il y a là un écueil inévitable, une cause d'embarras, pour ne pas dire un danger de l'ordre de ceux dont la leçon nous est bien acquise, et qui devrait nous servir au moins d'avertissement.

L'hérédité n'étant plus admise en France que dans la famille et dans la souveraineté, la constitution des grands pouvoirs publics ou des conseils appelés à éclairer et à pondérer, pour ne pas dire à contrôler l'action du pouvoir exécutif, ne peut être cherchée que dans la nation elle-même, c'est-à-dire dans l'élection.

Les catégories n'ont eu, dans l'origine, d'autre signification que celle d'un cadre dans lequel le pouvoir exécutif était tenu de se renfermer. Cette disposition date chez nous de l'époque indécise et troublée qui a suivi la révolution de 1830. L'hérédité était, pour les anciens pairs, une garantie d'indépendance : on sentait la nécessité d'en chercher une autre; et nous savons déjà que celle des restrictions apportées alors à la liberté des choix du souverain, n'a pas semblé suffisante. Les doctrinaires de la politique y ont échoué.

La recherche des catégories n'aura eu qu'un bon résultat, celui d'appeler notre attention sur les éléments de la vitalité française et de nous mettre sur la voie du classement des citoyens utiles, à tous les degrés et dans tous les rangs, depuis les plus humbles jusqu'aux plus élevés.

A quels signes reconnaître ces citoyens, si ce n'est à leurs titres scientifiques, aux grades qu'ils ont acquis dans les écoles, à l'impôt qu'ils payent, d'après l'importance de leur position dans la propriété, l'industrie, le commerce, ou dans l'exercice d'une profession quelconque, plus ou moins lucrative, à leurs fonctions, pour les services qu'ils sont appelés à rendre, ou comme retraités, pour ceux qu'ils ont rendus ?

Les catégories qu'on a cherchées *en haut* n'y auraient pas été trouvées, si elles n'eussent pas existé d'abord *en bas*. Je comprends le pêle-mêle du suffrage universel pour l'élection des députés; mais il semble que celle du Sénat qui a été dit *conservateur* doive être plus sérieuse, même dans une république, à plus forte raison si cette république se disait *conservatrice*. Il suit de là, dans ma pensée, que les grandes notabilités, dignes du Sénat, doivent être élues par les catégories même de citoyens dans le sein desquelles elles se sont élevées.

En somme, nous trouvons ici les gradués, les imposés de la propriété, les patentés du commerce et des différentes professions, les fonctionnaires et les retraités des différents services publics. Tels doivent être les électeurs du Sénat; telle est la vraie conséquence du principe des catégories que je n'ai pas inventé. La question se réduit à déterminer, dans chacune des catégories qui viennent d'être indiquées — d'une part, le degré de notabilité voulu pour être éligible — et d'autre part, le grade, les fonctions, le chiffre de l'impôt, l'âge enfin, qui peuvent ici servir de base à l'exercice du droit électoral. Ce n'est pas moi qui le dirai; je me borne à chercher des principes; et c'est déjà beaucoup pour moi de l'avoir essayé.

L'élection des sénateurs se ferait sur les bases de l'unité départementale, c'est-à-dire que chaque département aurait, d'après sa population, un nombre déterminé de sénateurs à nommer. Ce nombre a paru pouvoir être d'un à trois. Une seconde chambre ou chambre haute, ainsi élue, ne pourrait être que l'expression des véritables intérêts français. Quelle objection pourrait-on élever contre elle, en considérant surtout qu'elle ne serait pas payée? La dignité ne lui manquerait pas plus que l'indépendance, à une dernière condition pourtant, celle de l'*inamovibilité* accordée à ses membres; et je m'étonne qu'on en soit encore à la lui marchander.

Je crois inutile d'aborder ici la question du droit de dissolution. Les gouvernements l'ont toujours eu contre la Chambre des députés qui aurait mauvaise grâce à s'en plaindre, attendu qu'elle ne peut être renvoyée qu'au pays.

La France ne demande qu'à vivre; elle est lasse, à bon droit, du parlementarisme et des *unions* dites *libérales* qui ont été, depuis un siècle bientôt, le seul obstacle à l'accomplissement régulier des réformes dont le gouvernement de Louis XVI avait pris l'initiative, et que les radicaux des partis extrêmes continuent de stériliser. Il y a, quoi qu'ils en disent, de part et d'autre en sens contraire, *un vrai 89* entre les abus de l'ancien régime et les entraînements de l'esprit révolutionnaire, *une vraie France* à retrouver derrière celle qu'ils nous font à leur image. On a semblé un moment le comprendre. Une majorité s'est rencontrée dans l'Assemblée pour nous dire un jour, en désespoir de mieux, qu'une trêve de sept ans ne serait pas de trop pour y suffire; et nous en sommes encore à chercher notre voie sur les ruines de cette majorité qui, doutant d'elle-même, vient de se réfugier dans un congé de quatre mois. Grand soulagement pour la France qui, en prenant elle-même congé de ses parlementaires, n'a pu que leur souhaiter une bonne nuit, je veux dire une nuit *qui porte conseil*.

Septembre 1874.

Paris — J. CLAYE, imprimeur, 7, rue Saint-Benoît. — [1598]

www.ingramcontent.com/pod-product-compliance
Lightning Source LLC
LaVergne TN
LVHW010338230826
846091LV00009B/3921